La comptabilité de l'auto-entrepreneur

Toutes les obligations comptables, fiscales et sociales du micro-entrepreneur

Édition actualisée janvier 2020

Anne DELABY

ludi learn
productions

Ludilearn Productions

contact@ludilearn.com

Ludilearn Productions 2020
Impression à la demande
Dépôt légal juin 2017

Sommaire

ANNEXES

Lorsqu'un lien vers une page web est cité dans ce livre, un QR code lui est associé. Il vous permet d'accéder à cette page web à partir d'une tablette ou d'un téléphone portable.

 **? Qu'est-ce qu'un QR code et comment l'utiliser ?**

Un QR code est une sorte de code-barre à deux dimensions, il permet de stocker des informations. Pour lire ces informations, il vous faut un lecteur de QR codes sur votre tablette ou votre téléphone portable. Il existe différents lecteurs de QR codes que vous pouvez télécharger.

Le lecteur de QR codes s'utilise comme un appareil photo, il vous suffit de lancer le lecteur et de « photographier » le QR code imprimé sur le livre.

Introduction

Votre inscription est faite, vous voilà auto-entrepreneur ! Ou plutôt micro-entrepreneur, puisque c'est la nouvelle appellation depuis 2016. Vous vous lancez avec enthousiasme dans cette nouvelle activité professionnelle, qu'elle soit votre activité principale ou une activité complémentaire.

Vous avez été séduit par la simplicité de ce statut : on s'inscrit puis on se lance ! Mais votre micro-entreprise est une véritable entreprise, et très vite, il va falloir vous préoccuper de vos obligations comptables, mais aussi des formalités exigées par l'administration des impôts et les organismes sociaux. Et ce n'est pas toujours facile de maîtriser la tenue d'une comptabilité, même simplifiée. De plus, il est important de comprendre ce que les organismes fiscaux et sociaux attendent de vous, afin de leur transmettre des informations exactes.

Rassurez-vous, ce guide va vous expliquer, pas à pas, comment assurer ces différentes obligations. Chaque terme un peu technique est expliqué avec des mots simples … Le versement libératoire, la CIPAV, l'URSSAF, la franchise en base de TVA n'auront bientôt plus de secret pour vous !

Nous utiliserons indifféremment les expressions auto-entrepreneur et micro-entrepreneur dans ce guide, car même si l'appellation micro-entrepreneur a remplacé celle d'auto-entrepreneur, celle-ci reste encore très largement employée.

Quoi de neuf en 2020 ?

Les plafonds de chiffre d'affaires pour bénéficier du statut d'auto-entrepreneur ont été relevés.

L'aide aux créateurs et repreneurs d'entreprise (ACRE) a été revue à la baisse et ne concerne plus que certaines catégories d'auto-entrepreneurs.

Toutes les explications sont dans ce guide.

Partie 1 – Vos obligations comptables

Ce qu'il faut savoir

Vos obligations comptables sont simplifiées par rapport à une entreprise « classique » car vous êtes une micro-entreprise. Micro-entreprise implique que le chiffre d'affaires annuel que vous réalisez ne dépasse pas un certain plafond. *Voir ANNEXE 1 - Les plafonds de chiffre d'affaires.*

 Votre **chiffre d'affaires** de micro-entrepreneur est le **montant des recettes que vous encaissez**. Supposons que votre activité consiste à vendre des crêpes sur un marché. Aujourd'hui, vous avez vendu 60 crêpes au prix unitaire de 2 €, encaissées en espèces. Votre chiffre d'affaires de la journée est donc de 120 €.

Attention à ne pas confondre chiffre d'affaires et bénéfice ! Le chiffre d'affaires correspond au montant que vous facturez. Vous ne pouvez déduire aucune des dépenses que vous avez faites (vos achats de matières premières, votre taxe de place sur le marché…).

Le Code général des impôts définit les obligations comptables du micro-entrepreneur.

Il indique que « les micro-entreprises doivent tenir un **livre-journal** rempli au jour le jour et **présentant le détail de leurs recettes professionnelles**, appuyé des factures et de toutes autres pièces justificatives ».

Il ajoute que « les micro-entreprises doivent aussi, lorsque leur commerce principal est de vendre des marchandises, objets, fournitures et denrées à emporter ou à consommer sur place, ou de fournir le logement, tenir un **registre** récapitulé par année, **présentant le détail de leurs achats** ».

Cela signifie que si l'administration fiscale (les impôts) vous le demande, vous devez pouvoir présenter :

- un livre chronologique de vos recettes,
- les factures et autres pièces qui justifient vos recettes,
- un registre de vos achats, si votre activité principale consiste à vendre des marchandises ou des objets, des denrées à emporter ou à consommer sur place, ou à fournir des prestations d'hébergement.

Voyons tous ces éléments en détail.

Le livre chronologique des recettes

Comme le spécifie le Code général des impôts, le micro-entrepreneur doit tenir un livre-journal rempli au jour le jour et présentant le détail de ses recettes professionnelles : c'est le livre chronologique des recettes. Il va vous être très utile pour calculer le montant total de vos recettes, base de calcul de vos cotisations.

■ Sous quelle forme le livre des recettes se présente-t-il ?

La tenue du livre des recettes doit répondre à une exigence : les recettes, une fois enregistrées, ne doivent pas être modifiables.

Vous avez le choix entre deux types de supports :

- le livre des recettes papier rempli « à la main »,
- le livre des recettes tenu avec un logiciel spécialisé.

▶ *Le livre des recettes papier rempli « à la main »*

Vous pouvez acheter un cahier vierge dans lequel vous allez enregistrer vos recettes, de manière manuscrite. Chaque enregistrement doit contenir des informations obligatoires sur la recette, telles qu'elles sont détaillées à la page suivante de ce livre.

Vous pouvez aussi acheter un registre dans le commerce. Différentes marques de papeterie proposent des livres de recettes pré-imprimés, que vous remplirez de manière manuscrite.

 Le livre doit être tenu sans blanc, ni rature. En cas d'erreur, vous ne devez pas effacer votre écriture, mais la barrer d'un trait net en la laissant visible, puis la réécrire en-dessous.

▶ *Le livre de recettes tenu avec un logiciel spécialisé*

Il existe des logiciels dédiés à la comptabilité de l'auto-entrepreneur. On peut citer, de manière non exhaustive :

- Ciel auto-entrepreneur,
- EBP Auto-Entrepreneur.

Un logiciel de comptabilité pour entreprise « classique » n'est pas adapté, car la comptabilité de l'auto-entrepreneur est une comptabilité recettes-dépenses, alors qu'une entreprise « classique » tient une comptabilité dite d'engagement, en partie double.

Il est tentant d'utiliser un tableur, type Excel, pour tenir sa comptabilité. C'est simple et souple, mais c'est déconseillé car les enregistrements comptables **ne doivent pas pouvoir être modifiés**, ce qui n'est pas le cas avec un tableur. Cela ne vous empêche pas de faire, en parallèle, un relevé de vos recettes et de vos dépenses sur tableur, librement, pour le suivi de votre activité et la surveillance de votre trésorerie.

Vous avez peut-être entendu parler de l'obligation d'utiliser des logiciels de gestion, de comptabilité et de caisse **certifiés**, à partir du 1er janvier 2018. Sachez que cette réglementation a été assouplie et limitée aux systèmes de caisse et logiciels de caisse. Les logiciels de gestion et de comptabilité ne sont donc plus concernés.

■ Quelles informations le livre des recettes doit-il contenir ?

Pour chaque recette encaissée, vous devez indiquer :

- la date d'encaissement,
- l'origine de la recette, c'est-à-dire la référence de la pièce justificative (numéro de la facture ou de la note, ou toute autre référence de pièce justificative) et le nom du client s'il est identifié,
- le montant encaissé,
- le mode de règlement (espèces, chèque, carte bancaire, virement…).

▶ *Exemple de livre chronologique des recettes*

Livre chronologique des recettes – **Année 2020**					
Date	Référence pièce	Client	Nature de l'opération	Montant	Mode de règlement
05/01	Facture n°1	Dulac	Assortiment colliers	159,00	Carte bancaire
06/01	Facture n°2	Vichat	1 collier Muripink1	79,00	Espèces
…	…	…	…	…	…

■ Quelles sont les règles à connaître ?

▶ *Tenue au jour le jour*

Le livre chronologique doit être tenu au jour le jour. Il ne faut pas enregistrer les recettes globales de la journée mais détailler chaque recette encaissée.

Néanmoins, si votre activité est un commerce de détail pour lequel vous encaissez vos recettes essentiellement au comptant en espèces, il est admis d'inscrire globalement en fin de journée les opérations correspondant à ces ventes. Il en est de même pour les services rendus à des particuliers. Attention : c'est admis lorsque le montant unitaire (le montant payé par un client) n'excède pas **76 €** TTC. Pensez à conserver toutes les pièces justificatives qui détaillent ces recettes journalières (livre de caisse, tickets de caisse, bandes de caisse…).

▶ *Enregistrement dans l'ordre des dates d'encaissement*

Le livre des recettes est un **livre-journal**, ce qui signifie que vous devez enregistrer les opérations dans l'ordre chronologique, au fur et à mesure des encaissements. La date à prendre en compte est la date à laquelle vous recevez les sommes, pas celle où la commande est conclue.

Pour les encaissements par le biais de votre compte bancaire (chèque, virement, carte), il est possible de retenir comme date d'enregistrement la date d'opération figurant sur le relevé bancaire.

▶ *Comptabilité en français et en euros*

Tous vos documents comptables doivent être établis en français et en euros.

Si vous avez facturé un client dans une devise étrangère, vous devrez indiquer, dans le livre chronologique des recettes, le montant en euros, en utilisant comme taux de change le taux officiel au jour de l'encaissement de la recette.

▶ *Totalisation des montants en fin de trimestre et en fin d'année*

A chaque fin de trimestre et à chaque fin d'année, vous devez procéder à la totalisation des recettes.

La facture

Voici les trois cas dans lesquels vous avez l'obligation d'établir une facture :

- si votre client est un professionnel,
- ou s'il s'agit d'une vente à distance,
- ou si votre client, particulier, vous le demande.

 **?** Professionnel ? Particulier ?

Un **professionnel** achète vos produits et/ou services dans le cadre de son activité professionnelle.

Un **particulier** achète pour son usage personnel.

▪ Nombre d'exemplaires

Vous devez établir la facture en deux exemplaires :

- un exemplaire pour votre client,
- un exemplaire que vous conservez.

▪ Numérotation des factures

Les factures doivent être numérotées et chaque facture doit avoir un numéro unique. La numérotation doit être une séquence chronologique continue et sans rupture : le principe est qu'il n'y doit pas y avoir de « trou » ni de doublon dans la numérotation.

 Exemples de numérotation correcte : facture 2020-1, facture 2020-2, etc. ou facture 1, facture 2, etc.

Exemple de numérotation incorrecte : facture 10, facture 20, facture 30 etc.

■ Informations à faire figurer sur la facture

Voici les informations qui doivent obligatoirement figurer sur la facture :

Information obligatoire	Détails
Numéro de la facture	Si la facture comporte plusieurs pages, le numéro doit être répété sur chaque page.
Date d'émission de la facture	Date à laquelle vous établissez la facture. Sachez que vous ne pouvez établir la facture qu'une fois les marchandises remises au client ou la prestation de service exécutée.
Identité du vendeur	- vos nom et prénom (éventuellement le nom commercial de votre entreprise), - votre **numéro SIREN** (1), - l'adresse de votre entreprise (+ l'adresse de facturation si elle est différente), - votre **numéro RCS** (2) si vous êtes immatriculé au registre du commerce et des sociétés, - votre **numéro au répertoire des métiers** (3) si vous êtes artisan.
Identité de l'acheteur	- son nom, - sa **forme juridique** (4), - son adresse (+ son adresse de facturation si elle est différente).
Pour chaque produit et/ou prestation facturés	- la désignation, - la quantité, - le prix unitaire.
Majorations et réductions éventuelles de prix	- majorations : frais de transport, emballage… - **réductions** (5).

Somme totale à payer hors taxe	
TVA non applicable, art. 293 B du CGI	Dans le cas où vous bénéficiez de la **franchise en base de TVA** (6).
Date de la vente ou de la prestation de service	Jour effectif de la livraison ou de la fin d'exécution de la prestation de service.
Numéro du bon de commande	Dans le cas où l'acheteur a établi un bon de commande.
Date ou délai de paiement *Seulement si la facture est adressée à un professionnel*	- date à laquelle le règlement doit intervenir, - conditions d'escompte en cas de paiement anticipé (sinon, mentionner « Escompte pour paiement anticipé : néant »).
Taux des pénalités de retard *Seulement si la facture est adressée à un professionnel*	Les **pénalités** (7) sont exigibles en cas de non-paiement à la date de règlement.
Mention de l'indemnité forfaitaire pour frais de recouvrement *Seulement si la facture est adressée à un professionnel*	Ecrire la mention : « En cas de retard de paiement, indemnité forfaitaire pour frais de recouvrement : 40 euros. » (8)
Mention de l'assurance professionnelle	Dans le cas où l'**assurance professionnelle** (9) est obligatoire.

---

(1) Numéro SIREN

C'est le numéro d'identification de votre entreprise, composé de 9 chiffres, qui vous a été attribué par l'INSEE lors de votre inscription en tant qu'auto-entrepreneur.

L'INSEE vous attribue aussi un **SIRET**, qui est un numéro de 14 chiffres : les 9 premiers chiffres sont ceux du numéro SIREN, les 5 suivants constituent le NIC (numéro interne de classement). Le NIC est lié à l'adresse de votre entreprise.

(2) **Numéro RCS**

Si vous exercez une activité commerciale, vous êtes immatriculé au registre du commerce et des sociétés (RCS). Ce registre est tenu par le greffe du tribunal de commerce de votre ville d'immatriculation. Votre immatriculation au RCS a été effectuée lors de votre inscription en tant qu'auto-entrepreneur.

Le numéro RCS est de la forme : RCS + ville d'immatriculation + numéro SIREN.

(3) **Numéro au répertoire des métiers**

Si vous exercez une activité artisanale, vous êtes immatriculé au répertoire des métiers (RM). Ce registre est tenu par la chambre des métiers et de l'artisanat de votre ville d'immatriculation. Votre immatriculation au RM a été effectuée lors de votre inscription en tant qu'auto-entrepreneur.

Le numéro RM est de la forme : Numéro SIREN + RM + chiffres désignant la chambre des métiers et de l'artisanat compétente.

(4) **Forme juridique**

La forme juridique d'une organisation est le cadre juridique dans lequel celle-ci fonctionne. On distingue notamment l'association, le syndicat, l'établissement public et bien sûr les formes juridiques d'entreprise : l'entreprise individuelle et la société. On trouve plusieurs types de sociétés : la SARL, l'EURL, la SAS, la SA pour les plus connues.

Sachez que l'**auto-entreprise** n'est pas une forme juridique d'entreprise spécifique, c'est une **entreprise individuelle**, qui bénéficie d'un régime fiscal et d'un régime social très simplifiés.

(5) Réduction

Une réduction de prix est une diminution du prix, qui s'appelle différemment suivant le motif de cette diminution. On distingue :

- le rabais, réduction accordée quand les produits vendus présentent des défauts ou qu'il y a eu un retard de livraison,

- la remise, réduction accordée quand il s'agit d'une promotion ou d'un client régulier, ou encore quand le client commande en grande quantité,

- l'escompte, réduction accordée quand le client paie de manière anticipée, par rapport à la date de règlement prévue.

(6) Franchise en base de TVA

Bénéficier de la franchise en base de TVA signifie que vous n'avez pas de TVA à facturer à vos clients. Vous facturez hors taxe.

Mais si votre chiffre d'affaires dépasse les plafonds pour bénéficier de la franchise de TVA (voir *ANNEXE 2 – Les plafonds de chiffre d'affaires pour la TVA*), vous devez facturer la TVA à vos clients. La facture doit comporter le ou les taux de TVA à appliquer à vos produits, le montant de la TVA et le montant TTC (toutes taxes comprises) que le client doit payer.

Vous devez aussi obtenir un numéro de TVA intracommunautaire auprès du service des impôts des entreprises, et l'indiquer dans l'en-tête de la facture.

Vous devrez reverser à l'administration fiscale la TVA collectée auprès de vos clients. En contrepartie, vous serez autorisé à déduire la TVA payée sur vos achats.

(7) Pénalités de retard

Le taux peut être librement fixé, mais il ne peut être inférieur à 3 fois le taux d'intérêt légal. Pour connaître le taux d'intérêt légal actuel, suivez sur ce lien :

https://www.service-public.fr/particuliers/vosdroits/F20688

Par exemple, il ne peut être inférieur à 2,58% (3 fois 0,86%) pour une facture à un professionnel, au premier semestre 2019.

---

(8) Indemnité forfaitaire pour frais de recouvrement

L'indemnité forfaitaire pour frais de recouvrement est la somme qui doit être versée par le professionnel lorsqu'il règle une facture après l'expiration du délai de paiement. Depuis 2013, tout professionnel en retard de paiement est désormais de plein droit débiteur à l'égard du créancier d'une indemnité forfaitaire de 40 € pour frais de recouvrement.

---

(9) Assurance professionnelle

Si vous exercez une activité artisanale dans le secteur du bâtiment, vous devez obligatoirement souscrire une **assurance responsabilité civile décennale**. Si vous exercez une autre activité, renseignez-vous auprès de la Chambre de commerce et d'industrie ou auprès de la Chambre de métiers pour savoir si cette activité est soumise à une obligation d'assurance.

Vous devez indiquer sur la facture l'assurance souscrite, les coordonnées de l'assureur ou du garant, la couverture géographique du contrat ou de la garantie.

Le site internet officiel de l'URSSAF dédié aux auto-entrepreneurs **autoentrepreneur.urssaf.fr** (ex lautoentrepreneur.fr) met à votre disposition un modèle de facture, que vous pouvez utiliser tel quel ou adapter à votre entreprise. Suivez ce lien pour télécharger le modèle : https://www.autoentrepreneur.urssaf.fr/portail/files/Facturier_AE.pdf

■ Exemple de facture

Juliette LEFEVRE

Créatrice de sites web

3, rue Lenoir
29200 BREST
SIREN 123 456 789

Le 10 janvier 2020

LEGOUX SARL
75, Boulevard Leclerc
29200 BREST

Facture n°2020-1

Date d'exécution de la prestation : 5 janvier 2020

Désignation	Quantité	Prix	Montant
Réalisation de la charte graphique	1	1500,00	1500,00
Réalisation du site	1	2000,00	2000,00
		TOTAL HT	**3500,00**

TVA non applicable, art 293 B du CGI

Date de règlement : 31 janvier 2020
Taux des pénalités à compter du 31 janvier 2020 en l'absence de paiement : 5%
En cas de retard de paiement, indemnité forfaitaire pour frais de recouvrement : 40 euros.
Escompte pour paiement anticipé : néant

La note justificative

Comme nous venons de le voir, quand votre client est un particulier, vous n'êtes obligé de lui remettre une facture que dans deux cas :

- le client vous en fait la demande,
- il s'agit d'une vente à distance.

Si vous vendez à un particulier, vous devez lui remettre une **note justificative** de la vente, ou un **ticket de caisse** qui reprend les informations d'une note, **dans les cas suivants** :

- vous encaissez une prestation de service d'un montant supérieur à 25 €,
- votre client vous en fait la demande.

■ Nombre d'exemplaires

Vous devez établir la note en deux exemplaires :

- un exemplaire pour votre client,
- un exemplaire que vous conservez.

■ Informations minimales à faire figurer sur la note

Voici les informations qui doivent obligatoirement figurer sur la note, ou sur le ticket de caisse qui fait office de note :

Information obligatoire	Détails
Date de rédaction de la note	
Identité du vendeur	- vos nom et prénom (éventuellement le nom commercial de votre entreprise), - votre **numéro SIREN**, - l'adresse de votre entreprise, - votre **numéro RCS** si vous êtes immatriculé au registre du commerce et des sociétés, - votre **numéro au répertoire des métiers** si vous êtes artisan.
Identité du client	Sauf si le client s'y oppose.
Date et lieu d'exécution de la prestation	
Décompte détaillé de chaque prestation et produit fourni ou vendu	- la désignation, - la quantité, - le prix unitaire.
Montant total à payer	Il s'agit du montant hors taxe, quand vous facturez sans TVA. Vous ajoutez la mention « TVA non applicable, art. 293 B du CGI ».

 Si votre chiffre d'affaires dépasse les plafonds pour bénéficier de la franchise de TVA (voir *ANNEXE 2 – Les plafonds de chiffre d'affaires pour la TVA*), vous devez facturer la TVA à vos clients. La note doit comporter le montant hors taxe, et le montant TTC (toutes taxes comprises) que le client doit payer.

 Le site officiel dédié aux auto-entrepreneurs **autoentrepreneur.urssaf.fr** met à votre disposition, comme

pour la facture, un modèle de note que vous pouvez utiliser tel quel ou adapter à votre entreprise. Suivez ce lien pour télécharger le modèle :

https://www.autoentrepreneur.urssaf.fr/portail/files/Facturier_AE.pdf

◼ Exemple de note

Aurélien DUPONT
Coiffeur
33, rue du Bourg
41000 BLOIS
123 456 789 RM 41

Note n°221

Blois, le 20/06/2020
Nom du client : Mme Dupontel

	Quantité	Prix unitaire	Montant
Shampoing + coupe + brushing	1	32,00	32,00
		Prix total en euros	**32,00**
		TVA non applicable, art 293 B du CGI	

Les autres pièces justificatives

Dans les cas autres que ceux qui exigent une facture ou une note, la remise au client d'un document justificatif de la vente n'est pas obligatoire.

Mais il est vraiment conseillé de le faire, pour plusieurs raisons :

- vous aurez une preuve de la vente en cas de litige avec un client,
- vous disposez de justificatifs de votre chiffre d'affaires à présenter à l'administration fiscale en cas de contrôle,
- vous avez des pièces justificatives comme support pour votre comptabilité.

Vous avez donc tout intérêt à remettre à vos clients une note ou un ticket de caisse. Les doubles de ces pièces justificatives vous serviront de support pour justifier vos recettes et enregistrer celles-ci dans le livre chronologique des recettes.

Si votre activité est un commerce de détail pour lequel vous encaissez vos recettes essentiellement au comptant en espèces, et que vous n'avez pas de caisse enregistreuse, tenez un livre de caisse, agenda dans lequel vous notez chaque recette. Ce livre de caisse constitue une pièce justificative pour votre comptabilité, et vous permet de suivre votre trésorerie.

 Depuis le 1er janvier 2018, une nouvelle réglementation s'applique aux systèmes de caisse informatisés et aux logiciels de caisse. Les systèmes et logiciels de caisse sont des outils informatiques avec lesquels on enregistre les ventes faites aux particuliers. L'objectif de la réglementation est d'empêcher la fraude à la TVA, en faisant en sorte que l'enregistrement des recettes ne soit pas modifiable. Même si vous facturez en franchise de TVA, vous êtes concerné par cette réglementation.

Le système de caisse ou le logiciel de caisse que vous utilisez doit obligatoirement être **sécurisé** et **certifié**. L'éditeur qui l'a conçu doit donc vous délivrer une attestation prouvant la conformité du système ou du logiciel.

A noter que vous continuez à avoir le choix entre un livre de caisse papier tenu de manière manuscrite ou un logiciel (ou un système) de caisse. Mais si vous utilisez un logiciel ou système de caisse, celui-ci **doit être certifié**.

Le registre des achats

Le registre des achats n'est à tenir **que dans le cas** où votre activité principale consiste à vendre des marchandises, objets, fournitures et denrées à emporter ou à consommer sur place, ou à fournir des prestations d'hébergement.

Si votre activité consiste en la prestation de services, vous n'êtes pas concerné.

 Cela peut paraître étonnant d'avoir à justifier ses achats alors que toutes les cotisations sont calculées sur le chiffre d'affaires, sans déduction des charges. Cette obligation répond en fait à deux objectifs :

- permettre à l'administration fiscale de contrôler la cohérence entre le volume des recettes et celui des achats,
- aider l'auto-entrepreneur à évaluer ses charges pour qu'il puisse calculer la rentabilité de son activité.

■ Sous quelle forme le registre des achats se présente-t-il ?

Tout comme le livre des recettes, vous avez le choix entre trois types de supports :

- le registre des achats tenu sur un cahier et rempli de manière manuscrite,
- le registre des achats acheté dans le commerce et rempli de manière manuscrite,
- le registre des achats tenu avec un logiciel spécialisé.

Les registres achetés dans le commerce sont souvent des registres uniques : livre des recettes + registre des achats.

Et bien sûr, les logiciels de comptabilité dédiés aux auto-entrepreneurs permettent d'établir ces deux documents.

▧ Quelles informations le registre des achats doit-il contenir ?

Pour chaque achat réalisé pour votre activité, vous devez indiquer :

- la date de l'achat,
- l'origine de l'achat, c'est-à-dire la référence de la pièce justificative (numéro de la facture ou toute autre référence de pièce justificative) et le nom du fournisseur,
- le montant payé,
- le mode de règlement (espèces, chèque, carte bancaire, virement…).

▶ *Exemple de registre des achats*

Registre des achats – **Année 2020**					
Date	Référence pièce	Fournisseur	Nature de l'opération	Montant	Mode de règlement
03/01	Facture n°289	Modulino	Perles verre murano	48,00	Chèque n°667
04/01	PC n°33	Maxiburo	Papeterie	18,00	Espèces
…	…	…	…	…	…

▧ Quelles sont les règles à connaître ?

▶ *Tenue au jour le jour, pour une année entière, en français et en euros*

Tout comme le livre des recettes, le registre des achats doit être tenu au jour le jour, en utilisant la langue française. Les montants sont en euros.

Il faut tenir un registre des achats par année.

▶ *Conservation des pièces justificatives*

Vous devez conserver les pièces justificatives de vos dépenses.

Durée de conservation des documents

Vous devez conserver tous vos documents comptables (pièces justificatives, livre chronologique des recettes, registre des achats), même si vous arrêtez votre activité ou changez de forme juridique.

Le Code de commerce impose que vous conserviez ces documents pendant **10 ans**.

L'administration des impôts, elle, peut contrôler ces documents pendant un délai de 6 ans à partir de la dernière opération mentionnée dans le document, ou de la date de la pièce justificative.

Partie 2 – Vos obligations sociales

URSSAF ? CIPAV

Ce qu'il faut savoir

Parce que vous êtes micro-entrepreneur, vous bénéficiez du régime micro-social : vos cotisations sociales correspondent à un pourcentage du chiffre d'affaires que vous avez encaissé.

 Ce régime micro-social est un grand atout du statut d'auto-entrepreneur : les cotisations sociales sont strictement proportionnelles aux recettes que vous encaissez. Vous savez donc exactement le montant que vous allez payer et en cas d'absence de recettes, vous ne payez rien. Ce n'est pas le cas de l'entrepreneur individuel « classique », qui doit payer un forfait de cotisations sociales dès la création de son entreprise, alors qu'il n'a parfois pas encore encaissé de recettes.

Chaque mois ou chaque trimestre, selon le choix que vous avez fait lors de votre inscription en tant qu'auto-entrepreneur, vous devrez compléter une déclaration de chiffre d'affaires, calculer le montant de vos cotisations sociales et payer le montant dû.

▪ Pourquoi doit-on payer des cotisations sociales ?

Vous devez cotiser à différents organismes sociaux car vous devez apporter votre contribution à la protection sociale, et ainsi bénéficier de cette protection sociale : assurance maladie-maternité, indemnités journalières en cas de maladie, allocations familiales, retraite, régime invalidité et décès.

Si vous exercez une activité d'auto-entrepreneur en complément d'une autre activité, vous êtes déjà affilié à un régime social, mais cela ne vous dispense pas de payer des cotisations sociales en tant qu'auto-entrepreneur.

■ Quel est l'organisme social qui collecte les cotisations sociales ?

C'est l'URSSAF (Union de Recouvrement du régime général de la Sécurité Sociale et des Allocations Familiales) qui collecte les cotisations sociales des auto-entrepreneurs. C'est donc à l'URSSAF que vous versez vos cotisations sociales.

■ Quels sont les organismes sociaux qui gèrent la protection sociale des auto-entrepreneurs ?

Depuis le 1er janvier 2019, l'organisme social qui gère la protection sociale des auto-entrepreneurs est l'Assurance Maladie du régime général de la Sécurité sociale, comme pour les salariés. Vous êtes ainsi rattaché à la caisse primaire d'assurance maladie (CPAM) de votre domicile.

L'organisme social qui gère votre retraite est différent suivant le type d'activité que vous exercez. *Voir ANNEXE 3 – Les types d'activités.*

- si vous exercez une profession libérale réglementée, c'est la caisse interprofessionnelle de prévoyance et d'assurance vieillesse (CIPAV) qui gère vos droits à la retraite,
- pour tous les autres types d'activités, c'est l'Assurance retraite du régime général de la Sécurité sociale qui gère vos droits à la retraite.

Nous allons étudier en détail :

- comment sont calculées les cotisations,
- comment déclarer et payer vos cotisations.

Comment sont calculées les cotisations

Suivant le type d'activité exercée (voir *ANNEXE 3 – Les types d'activités*), et la nature de cette activité (ventes de biens ou prestations de services), les taux de cotisations appliqués à votre chiffre d'affaires seront différents.

En plus des cotisations sociales, vous devez vous acquitter :

- de la contribution à la formation professionnelle,
- de la taxe pour frais de chambre de commerce et d'industrie si vous êtes immatriculé au RCS,
- de la taxe pour frais de chambre de métiers et de l'artisanat si vous êtes immatriculé au répertoire des métiers.

Ces trois contributions sont incluses dans la déclaration de chiffre d'affaires que vous remplissez. Elles sont calculées en pourcentage de votre chiffre d'affaires comme les cotisations sociales et donc payées en même temps que celles-ci.

■ Vos cotisations sociales selon l'activité

Activité	Taux de cotisation 2020
Toutes les activités soumises au plafond de chiffre d'affaires de 176 200 € (voir *ANNEXE 1 – Les plafonds de chiffre d'affaires pour bénéficier du statut d'auto-entrepreneur*)	12,8%
Toutes les activités soumises au plafond de chiffre d'affaires de 72 500 € (voir *ANNEXE 1 – Les plafonds de chiffre d'affaires pour bénéficier du statut d'auto-entrepreneur*)	22%

Attention : **si vous exercez plusieurs activités de nature différente**, vous devez appliquer pour chaque activité le taux de cotisation correspondant.

▶ *Exemple 1*

Votre activité principale est la vente de biens (achat/revente). Vous avez encaissé pour cette activité un chiffre d'affaires de 5 000 €. Le taux de cotisation sociale applicable est 12,8%.

Montant des cotisations sociales : 5 000 x 12,8% = 640 €

▶ *Exemple 2*

Votre activité principale consiste en des prestations de coiffure. Ce sont des prestations de services artisanales. Votre chiffre d'affaires encaissé pour cette activité s'élève à 3 000 €. Le taux de cotisation sociale applicable est 22%. Vous avez également encaissé 400 € pour l'achat/revente de shampoings. Le taux de cotisation sociale applicable est 12,8%.

Montant des cotisations sociales :

Prestations de service artisanales : 3 000 x 22% = 660 €

Achat/revente : 400 x 12,8% = 51,20 €, montant arrondi à l'euro le plus proche, soit 51 €

Montant total des cotisations sociales : 711 €.

 Le montant des cotisations est arrondi à l'euro le plus proche.

▪ Réduction des cotisations sociales la première année

L'ACRE (Aide aux Créateurs et Repreneurs d'Entreprise) est une réduction des cotisations la première année d'activité.

En 2019, tous les nouveaux auto-entrepreneurs pouvaient en bénéficier, et ceci pendant trois ans. A partir du 1er janvier 2020, l'ACRE est réservée à certaines catégories d'auto-entrepreneurs. De plus, la durée de l'ACRE a été réduite à la première année d'activité.

▶ *Les bénéficiaires de l'ACRE*

Si vous créez votre auto-entreprise en 2020, vous pouvez bénéficier de l'ACRE si vous faites partie de l'une des catégories suivantes :

- les demandeurs d'emploi indemnisés,
- les demandeurs d'emploi non indemnisés inscrits comme demandeurs d'emploi six mois au cours des dix-huit derniers mois,
- les bénéficiaires de l'allocation de solidarité spécifique ou du revenu de solidarité active,

- les personnes âgées de 18 ans à moins de 26 ans,
- les personnes de moins de 30 ans handicapées ou qui ne remplissent pas la condition de durée d'activité antérieure pour ouvrir des droits à l'allocation d'assurance,
- les personnes salariées ou les personnes licenciées d'une entreprise soumise à l'une des procédures de sauvegarde, de redressement ou de liquidation judiciaires qui reprennent tout ou partie d'une entreprise,
- les personnes ayant conclu un contrat d'appui au projet d'entreprise,
- les personnes physiques créant ou reprenant une entreprise implantée au sein d'un quartier prioritaire de la politique de la ville,
- les bénéficiaires du complément de libre choix d'activité.

 Attention : le bénéfice de l'ACRE n'est pas automatique. Il faut en faire la demande dans les 45 jours de la création de votre activité.

▶ *Les taux de cotisation de l'ACRE*

Les taux de cotisation réduits appliqués la première année aux bénéficiaires de l'ACRE sont les suivants :

- 6,4% pour les activités soumises au plafond de 176 200 €,
- 11% pour les activités soumises au plafond de 72 500 €.

Les années suivantes, les taux de cotisation appliqués sont les taux pleins (12,8% pour les activités soumises au plafond de 176 200 € et 22% pour les activités soumises au plafond de 72 500 €).

▶ *Et si j'ai créé mon auto-entreprise avant le 1ᵉʳ janvier 2020 ?*

Vous allez aussi subir une modification de l'ACRE. Vous allez bénéficier de l'ACRE durant vos trois premières années d'activité, mais à des taux moins intéressants la deuxième et la troisième année :

Taux de cotisation pour les auto-entrepreneurs existant en 2019			
Activité	Année 1	Année 2	Année 3
Activités soumises au plafond de 176 200 €	3,2%	9,6%	11,6%
Activités soumises au plafond de 72 500 €	5,5%	16,5%	19,8%

▪ Votre contribution à la formation professionnelle

Votre contribution à la formation professionnelle est un pourcentage de votre chiffre d'affaires, comme vos cotisations sociales.

Le pourcentage est différent suivant votre activité principale :

Activité artisanale	0,30%
Activité commerciale ou profession libérale non réglementée	0,10%
Profession libérale réglementée	0,20%

Cette contribution à la formation professionnelle fait l'objet d'une ligne supplémentaire dans votre déclaration de chiffre d'affaires.

■ La taxe pour frais de chambre de commerce et d'industrie

Vous devez payer la taxe pour frais de chambre de commerce et d'industrie si vous êtes immatriculé au registre du commerce et des sociétés (RCS). Cette taxe est un pourcentage de votre chiffre d'affaires, qui fait l'objet d'une ligne supplémentaire dans votre déclaration de chiffre d'affaires.

Activité exercée	Taux à appliquer
Activités soumises au plafond de 176 200 €	0,015%
Activités soumises au plafond de 72 500 €	0,044%
Artisan immatriculé au répertoire des métiers ET au registre du commerce et des sociétés	0,007%

■ La taxe pour frais de chambre de métiers et de l'artisanat

Vous devez payer la taxe pour frais de chambre de métiers et de l'artisanat si vous êtes immatriculé au répertoire des métiers. Cette taxe est un pourcentage de votre chiffre d'affaires, qui fait l'objet d'une ligne supplémentaire dans votre déclaration de chiffre d'affaires.

Activité exercée	Taux à appliquer	Taux à appliquer en Alsace	Taux à appliquer en Moselle
Activités soumises au plafond de 176 200 €	0,22%	0,29%	0,37%
Activités soumises au plafond de 72 500 €	0,48%	0,65%	0,83%

Comment déclarer et payer vos cotisations ?

■ Quand déclarer son chiffre d'affaires ?

Au moment de votre inscription, vous avez choisi de déclarer et payer vos cotisations soit tous les mois, soit tous les trimestres.

Les déclarations **mensuelles** de chiffres d'affaires et le paiement associé doivent être faits chaque mois, avec pour date limite le dernier jour du mois qui suit le mois concerné par la déclaration et le paiement. Par exemple, la déclaration de chiffre d'affaires du mois de mars, et le paiement associé, doivent être faits avant le 30 avril.

Les déclarations **trimestrielles** de chiffres d'affaires et le paiement associé doivent être faits :

Trimestre	Date limite
Premier trimestre de chiffre d'affaires (janvier, février, mars)	30 avril
Deuxième trimestre de chiffre d'affaires (avril, mai juin)	31 juillet
Troisième trimestre de chiffre d'affaires (juillet, août, septembre)	31 octobre
Quatrième trimestre de chiffre d'affaires (octobre, novembre, décembre)	31 janvier

 La première déclaration (et son paiement associé) n'interviendra qu'après un délai minimum de 90 jours à partir du début de l'activité. Vous devrez régler la totalité des cotisations de cette période en une seule fois.

Si vous souhaitez changer de périodicité, vous devez en faire la demande avant le 31 octobre, pour une mise en place l'année suivante.

 Même si vous n'avez réalisé aucun chiffre d'affaires, vous **devez** compléter et envoyer votre déclaration. Vous indiquez « 0 » et vous n'avez rien à payer. En l'absence de déclaration, ou en cas de retard de déclaration, une pénalité de 50 € vous sera appliquée, pour chaque déclaration manquante.

▪ Comment déclarer et payer ?

Les formalités de déclaration peuvent se faire de deux manières :

- soit sur le site internet officiel de l'URSSAF dédié aux auto-entrepreneurs autoentrepreneur.urssaf.fr (ex lautoentrepreneur.fr),
- soit sur votre téléphone en téléchargeant l'application mobile AutoEntrepreneur Urssaf.

 Depuis le 1er janvier 2019, les formalités de déclaration et de paiement doivent **obligatoirement se faire sur le site internet ou sur l'appli mobile**. Il n'y a plus de déclaration papier.

▪ S'inscrire pour déclarer et payer en ligne (sur le site ou l'appli mobile)

Pour pouvoir faire votre déclaration et payer en ligne, il faut d'abord vous inscrire. Nous allons décrire comment faire à partir du site autoentrepreneur.urssaf.fr, la procédure est équivalente sur l'appli mobile.

Allez sur le site www.autoentrepreneur.urssaf.fr :

Cliquez sur le bouton **Mon compte** en haut à droite de l'écran :

Dans le formulaire **Je n'ai pas encore de compte,** saisissez votre numéro SIRET et votre numéro de Sécurité sociale :

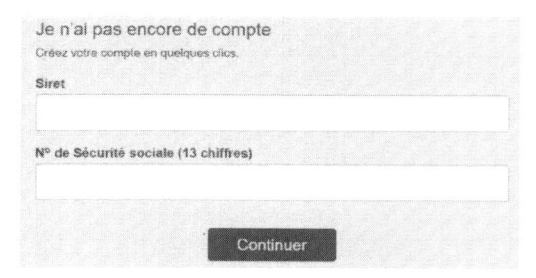

Il vous est ensuite demandé d'indiquer vos nom, prénom et une adresse mail valide, ainsi que de choisir un mot de passe.

■ Déclarer et payer en ligne (sur le site ou l'appli mobile)

Nous allons décrire comment faire à partir du site autoentrepreneur.urssaf.fr, la procédure est équivalente sur l'appli mobile.

Allez sur le site www.autoentrepreneur.urssaf.fr et cliquez sur le bouton **Mon compte** en haut à droite de l'écran.

Dans le formulaire **J'ai déjà un compte,** saisissez votre mail ou votre numéro de sécurité sociale ainsi que votre mot de passe pour vous identifier.

 Les auto-entrepreneurs qui réglaient déjà leurs cotisations sur le site net-entreprises.fr ont toujours la possibilité de le faire, en cliquant sur le bouton Me connecter avec Net-Entreprises.fr.

► *Compléter la déclaration*

Une fois que vous êtes identifié, votre déclaration de chiffre d'affaires s'affiche :

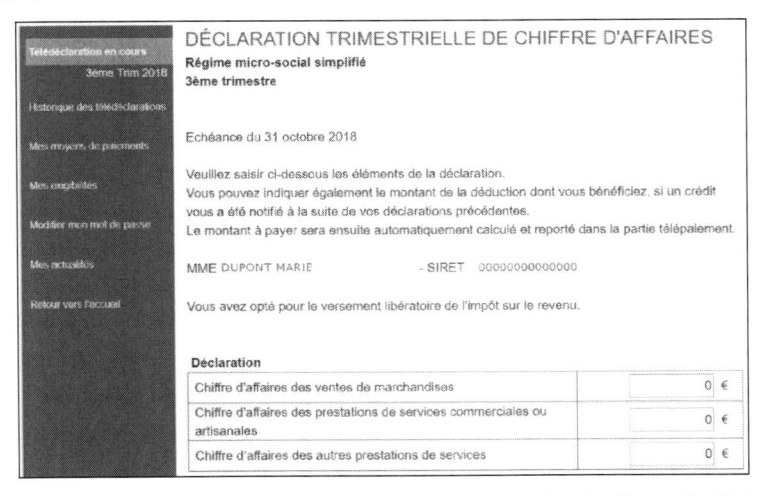

Complétez la déclaration avec le ou les montants de chiffres d'affaires que vous avez encaissés. L'avantage de la déclaration en ligne est que vous n'avez aucun calcul à faire, les cotisations à payer sont automatiquement calculées.

Le total à payer s'affiche.

 Au démarrage de l'activité, la possibilité de saisir la première déclaration n'intervenant qu'après un délai minimum de 90 jours, ne vous inquiétez pas si vous avez le message suivant : « Aucune déclaration n'est attendue pour le moment ».

Vous effectuerez la déclaration et le paiement de cette période de 90 jours minimum en une seule fois dès que la fonctionnalité sera accessible.

▶ *Payer les cotisations*

Une fois que vous avez validé la déclaration, vous devez effectuer le paiement.

Vous avez le choix de régler par carte bancaire ou par télépaiement.

La première fois que vous utilisez le télépaiement, vous devez saisir les coordonnées bancaires de votre auto-entreprise.

Sachez qu'une fois que vous avez choisi de régler par télépaiement, vous n'aurez plus la possibilité de régler par carte bancaire.

 L'avantage du télépaiement est que votre compte bancaire ne sera débité qu'à la date de l'échéance. Par exemple, si vous déclarez et payez les cotisations du 3ème trimestre par télépaiement le 10 octobre, le prélèvement sur votre compte bancaire n'aura lieu que le 31 octobre, date limite pour le paiement de ces cotisations.

Partie 3 – Vos obligations fiscales (les impôts)

Ce qu'il faut savoir

■ L'impôt sur les revenus de votre activité

Comme tout revenu, vos revenus d'auto-entrepreneur sont soumis à l'impôt.

En tant qu'auto-entrepreneur, vous bénéficiez d'un régime fiscal simplifié, appelé régime fiscal de la micro-entreprise. Dans ce régime, le montant de votre impôt est basé sur le montant de vos recettes, d'où l'intérêt de tenir un livre des recettes.

Le calcul et le paiement de l'impôt sur vos revenus d'auto-entrepreneur dépendent du choix que vous avez fait lors de votre inscription comme auto-entrepreneur : opter ou non pour le versement libératoire de l'impôt sur le revenu, que nous allons expliquer en détail.

■ La TVA

Puisque les plafonds pour bénéficier du statut d'auto-entrepreneur et ceux pour bénéficier de la franchise en base de TVA (voir *ANNEXE 2 – les plafonds de chiffre d'affaires pour la TVA*) sont différents, vous pouvez vous trouver dans une de ces deux situations :

- Votre chiffre d'affaires ne dépasse pas le plafond, vous bénéficiez de la franchise de TVA. Cela signifie que vous n'avez pas de TVA à facturer à vos clients, vous facturez hors taxe.
- Votre chiffre d'affaires dépasse le plafond, vous devez facturer la TVA à vos clients, vous devez réaliser les démarches administratives de calcul de la TVA et reverser celle-ci à l'Etat.

■ La cotisation foncière des entreprises (CFE)

L'auto-entreprise, comme toutes les autres entreprises, est redevable de la cotisation foncière des entreprises.

Nous allons donc étudier en détail :

- les formalités si vous avez opté pour le versement libératoire de l'impôt,
- l'impôt sur vos revenus d'auto-entrepreneur si vous n'avez pas opté pour le versement libératoire,

- la gestion de la TVA en cas de dépassement du plafond,
- la cotisation foncière des entreprises (CFE).

L'option pour le versement libératoire de l'impôt

Si vous avez opté pour le versement libératoire de l'impôt sur le revenu, cela veut dire que vos revenus d'auto-entrepreneur sont imposés indépendamment de vos autres revenus. L'impôt est calculé uniquement sur vos revenus d'auto-entrepreneur et il est prélevé en même temps que vos cotisations sociales.

Si vous n'avez pas choisi cette option, vos revenus d'auto-entrepreneur sont intégrés à vos autres revenus (salaires, pensions de retraite, revenus locatifs, etc.) dans votre déclaration annuelle. Votre impôt est alors calculé sur la somme de tous vos revenus.

 Sachez toutefois que l'option pour le versement libératoire de l'impôt sur le revenu n'est possible que si votre revenu imposable de l'avant dernière année (revenu de l'année 2018 pour 2020) ne dépasse pas un certain montant.

Ce montant à ne pas dépasser est déterminé de la façon suivante :

Votre revenu imposable est divisé par votre nombre de parts de quotient familial, qui dépend de votre situation familiale et des personnes à votre charge (ex : un couple avec un enfant : 2,5 parts). Ce revenu imposable par part ne doit pas dépasser la limite supérieure de la deuxième tranche du barème de l'impôt sur le revenu. En 2018, cette limite était de 27 519 €.

■ Modalités du versement libératoire de l'impôt

Le versement libératoire est un pourcentage du chiffre d'affaires que vous avez encaissé, tout comme les cotisations sociales. Il est calculé en même temps que celles-ci et le paiement est inclus dans le paiement global que vous faites avec chacune de vos déclarations.

◼ Taux applicables au chiffre d'affaires

Activité	Taux de versement libératoire de l'impôt
Activités soumises au plafond de 176 200 €	1%
Prestations de service artisanales ou commerciales	1,7%
Activités libérales	2,2%

A savoir : Il n'est pas toujours intéressant d'opter pour le prélèvement libératoire, particulièrement si vous n'êtes pas imposable. Voici des paramètres importants à prendre en compte pour faire votre choix :

- Avec le versement libératoire, vous payez l'impôt au fur et à mesure de vos ventes. Chaque versement est définitif : il n'y a pas de régularisation en fin d'année, dans le cas où vous n'auriez pas été imposable sans opter pour le versement libératoire.
- Avec le versement libératoire, vous avez effectivement payé des impôts sur le revenu, vous n'êtes plus considéré comme non imposable, ce qui peut vous faire perdre certains avantages sociaux.

L'impôt sur vos revenus d'auto-entrepreneur si vous n'avez pas opté pour le versement libératoire

Vous n'avez pas choisi l'option pour le versement libératoire ou vous ne pouvez pas en bénéficier. Vos revenus d'auto-entrepreneur sont donc intégrés à vos autres revenus dans votre déclaration annuelle et votre impôt est alors calculé sur la somme de tous vos revenus.

Vous avez certainement entendu parler de la mise en place du prélèvement à la source de l'impôt sur le revenu, depuis le 1er janvier 2019.

IMPORTANT :

Il faut savoir que le prélèvement à la source ne change en rien le calcul par l'administration de votre impôt sur le revenu. Vous devrez toujours, au printemps, remplir une déclaration de revenus, telle que vous la connaissez. Le prélèvement à la source est une nouvelle façon, pour l'administration fiscale, d'ENCAISSER l'impôt sur le revenu.

Voyons d'abord comment déclarer vos revenus d'auto-entrepreneur dans votre déclaration annuelle, puis comment l'administration fiscale calcule votre impôt, et enfin quel incidence le prélèvement à la source va avoir sur vos revenus d'auto-entrepreneur.

■ Comment déclarer mes revenus d'auto-entrepreneur ?

▶ *La catégorie de revenus*

Dans votre déclaration annuelle d'impôt sur le revenu, vous devez inscrire vos revenus d'auto-entrepreneur dans la catégorie **BIC** ou **BNC** suivant votre activité.

? L'administration fiscale parle de BIC et de BNC. Qu'est-ce que c'est ?

L'administration fiscale distingue les BIC (Bénéfices Industriels et Commerciaux) des BNC (Bénéfices Non Commerciaux). Elle ne les impose pas de la même manière.

Les activités **commerciales et artisanales** relèvent des BIC.

Les activités **libérales** relèvent des BNC.

Voir ANNEXE 3 - Les types d'activités.

▶ *Comment l'administration fiscale calcule-t-elle le bénéfice de votre revenu d'auto-entrepreneur ?*

Elle applique un abattement forfaitaire pour frais professionnels :

Catégorie	Activités concernées	Abattement
BIC Ventes de marchandises et assimilées	Toutes les activités de ventes de marchandises, de fournitures de denrées et d'hébergement (celles qui sont soumises au plafond de chiffre d'affaires de 176 200 €).	71%
BIC Prestations de services	Toutes les prestations de services commerciales et artisanales.	50%
BNC	Toutes les activités libérales.	34%

A savoir : chacun de ces abattements ne peut pas être inférieur à 305 €. Si l'abattement calculé est inférieur à 305 €, l'abattement appliqué est 305 €.

Exemple 1

Votre activité consiste en l'achat et revente d'accessoires de moto. Votre chiffre d'affaires annuel est de 50 000 €. Vous faites partie des activités de ventes de marchandises et assimilées (celles qui sont soumises au plafond de chiffre d'affaires de 176 200 €). Le bénéfice calculé par l'administration fiscale est le suivant :

50 000 - 50 000 x 71% = 14 500 €

Exemple 2

Vous êtes formateur. Votre chiffre d'affaires annuel est de 30 000 €. Vous exercez une activité libérale. Le bénéfice calculé par l'administration fiscale est le suivant :

30 000 - 30 000 x 34% = 19 800 €

Exemple 3

Vous êtes coiffeur à domicile. Votre chiffre d'affaires annuel est de 30 000 €. Vous réalisez des prestations de services artisanales. Le bénéfice calculé par l'administration fiscale est le suivant :

30 000 - 30 000 x 50% = 15 000 €

A quel endroit de ma déclaration de revenus dois-je saisir mon chiffre d'affaires ?

Vous devez compléter une déclaration complémentaire des revenus des professions non salariées, le formulaire 2042-C-PRO. Pour télécharger ce formulaire, suivez le lien :

www.impots.gouv.fr/portail/files/formulaires/2042/2019/2042_2633.pdf

Dans la rubrique REVENUS INDUSTRIELS ET COMMERCIAUX PROFESSIONNELS :

- Indiquez le chiffre d'affaires de vos activités BIC ventes de marchandises et assimilées dans la case 5KO.
- Indiquez le chiffre d'affaires de vos activités BIC prestations de services dans la case 5KP.

Dans la rubrique REVENUS NON COMMERCIAUX PROFESSIONNELS :

- Indiquez le chiffre d'affaires de vos activités BNC prestations de services dans la case 5HQ.

REVENUS INDUSTRIELS ET COMMERCIAUX PROFESSIONNELS *Y compr.*	
	DÉCLARANT 1
Durée de l'exercice : *nombre de mois si inférieur à 12*	5DB
Cession ou cessation d'activité en 2018	5BF COCHEZ
Régime micro BIC	
Revenus nets exonérés	5KN
Revenus imposables :	
Chiffre d'affaires brut sans déduire aucun abattement	
· ventes de marchandises et assimilées	5KO
· prestations de services et locations meublées	5KP

REVENUS NON COMMERCIAUX PROFESSIONNELS	
	DÉCLARANT 1
Durée de l'exercice : *nombre de mois si inférieur à 12*	5XI
Cession ou cessation d'activité en 2018	5AO COCHEZ
Régime déclaratif spécial ou micro BNC	
Revenus nets exonérés	5HP
Revenus imposables :	5HQ
Recettes brutes sans déduire aucun abattement	

■ Comment est calculé le montant de mon impôt sur le revenu ?

L'impôt sur le revenu de votre foyer fiscal est calculé par l'application d'un barème (pourcentage) actualisé chaque année. Ce barème comprend plusieurs tranches soumises à différents taux qui augmentent progressivement en fonction de l'importance des revenus.

L'impôt à partir duquel ce barème est appliqué se détermine de la façon suivante :

Le revenu net imposable est la somme de tous les revenus que vous avez déclarés avec application des différents abattements et déduction de différentes charges (type pension alimentaire). Vos revenus BIC et BNC d'auto-entrepreneur en font partie.

Ce revenu net imposable est divisé par le nombre de parts de quotient familial, qui dépend de votre situation familiale et des personnes à votre charge, ce qui donne le revenu pour une part de quotient familial.

Le barème suivant est appliqué à cette part de quotient familial :

Barème de l'impôt sur les revenus de 2020 pour une part de quotient familial	
Fraction du revenu net imposable	**Taux d'imposition**
Jusqu'à 10 064 €	0%
De 10 065 € à 25 659 €	11%
De 25 660 € à 73 369 €	30%
De 73 370 € à 157 806 €	41%
+ 157 807 €	45%

L'impôt ainsi calculé pour une part de quotient familial est multiplié par le nombre de parts, ce qui donne le montant brut de votre impôt.

► *Exemple*

Vous êtes en couple sans personne à charge, vous bénéficiez donc de 2 parts de quotient familial.

En tant qu'auto-entrepreneur, vous avez encaissé un chiffre d'affaires de 10 000 € de prestations de services artisanales.

Votre conjoint a perçu 30 000 € de salaires.

Calcul du revenu imposable de votre foyer fiscal	
Revenus d'auto-entrepreneur	Abattement de 50% sur les prestations de services BIC 10 000 − 50% x 10 000 = 5 000 €
Salaires	Abattement de 10% pour frais professionnels 30 000 − 10% x 30 000 = 27 000 €
Revenu imposable du foyer	**32 000 €**

Valeur d'une part de quotient familial : 32 000 € / 2 parts = 16 000 €.

Calcul de l'impôt sur le revenu	
Tranche jusqu'à 10 064 €	0 €
Tranche de 10 065 € à 16 000 € (soit 5 935 €)	5 935 x 11% = 652,85 €
Montant de l'impôt pour une part	652,85 €
Montant total de l'impôt (pour deux parts)	**1 305,70 €**

▪ Mes revenus d'auto-entrepreneur sont-ils concernés par le prélèvement à la source ?

Si vous avez opté pour le prélèvement libératoire, la réponse est non.

Si vous n'êtes pas imposable, la réponse est non.

Si vous n'avez pas opté pour le prélèvement libératoire et que vous étiez imposable en 2019, la réponse est oui.

▶ *Le prélèvement à la source de l'impôt sur le revenu, comment ça marche ?*

Lorsqu'un organisme doit verser un revenu à un bénéficiaire :

- Avant d'effectuer le versement, il prélève sur ce revenu l'impôt dû par le bénéficiaire.
- Il verse au bénéficiaire le revenu net d'impôt.
- Il reverse à l'administration fiscale l'impôt prélevé.

Pour un salarié, l'impôt est prélevé par l'employeur. Pour un retraité, il est prélevé par la caisse de retraite. Pour un demandeur d'emploi, il est prélevé par Pôle emploi.

Pour un travailleur indépendant, le prélèvement est effectué directement par l'administration fiscale sur le compte bancaire de ce travailleur. C'est le cas pour l'auto-entrepreneur.

▶ *Comment l'administration fiscale calcule-t-elle les montants prélevés ?*

L'administration fiscale communique à chaque contribuable le **taux de prélèvement** qui lui est appliqué. C'est ce qu'elle appelle le taux de prélèvement personnalisé. Elle le communique en même temps que l'avis d'impôt, au mois de septembre.

L'administration fiscale va prélever, chaque mois ou chaque trimestre (c'est vous qui choisissez la périodicité) un **acompte**. Elle calcule cet acompte sur la base des revenus d'auto-entrepreneur que vous avez déclarés dans votre dernière déclaration d'impôt, en y appliquant votre taux de prélèvement personnalisé.

Concrètement, voici le calendrier de mise en place du prélèvement à la source pour les auto-entrepreneurs en 2020 :

- En juin 2020, vous envoyez la déclaration de vos revenus 2019 à l'administration fiscale.
- En septembre 2020, l'administration fiscale vous communique votre taux de prélèvement à la source personnalisé. Si vous étiez déjà auto-entrepreneur en 2019, elle vous communique aussi le montant de chaque acompte qui vous sera prélevé à partir de septembre. Elle a calculé ce montant en se basant sur vos revenus d'auto-entrepreneur de 2019 et sur votre taux de prélèvement.
- Si vous avez choisi des acomptes mensuels, l'administration prélève, le 15 de chaque mois, le montant de l'acompte. Elle le prélève directement sur votre compte bancaire.
- Si vous avez choisi des acomptes trimestriels, les prélèvements ont lieu le 15 février, le 15 mai, le 15 août et le 15 novembre.

Ce cycle se reproduit l'année suivante : vous envoyez en juin 2021 la déclaration de vos revenus 2020. En septembre 2021, l'administration fiscale vous communique votre nouveau taux de prélèvement et votre nouveau montant d'acompte.

C'est aussi en septembre que l'administration fiscale régularise votre situation, puisqu'elle connait le montant réel de vos revenus de l'année précédente :

En septembre 2020, elle connait vos revenus de 2019 et le total des acomptes versés en 2019. Elle vous rembourse alors le trop perçu ou vous demande de verser un complément, en fonction de votre situation. Même chose en 2021 avec les revenus de 2020.

En cas de variation importante de vos revenus, vous pouvez à tout moment modifier le montant de vos acomptes, à votre initiative.

Si vous créez votre entreprise en 2020, vous avez le choix entre :

- verser des acomptes dès l'année de création, en estimant vous-même le montant,
- attendre le calcul de l'impôt réel en septembre de l'année suivante.

La gestion de la TVA

Si votre chiffre d'affaires dépasse les plafonds de TVA (voir *ANNEXE 2 – es plafonds de chiffre d'affaires pour la TVA*), vous devez faire payer la TVA à vos clients. On dit que le client paie TTC (toutes taxes comprises).

■ Les différents taux de TVA

Voici les taux de TVA à appliquer en fonction des produits que vous vendez :

- le taux super réduit de **2,1%**, applicable aux médicaments remboursables et à la presse,
- le taux réduit de **5,5%**, applicable essentiellement aux produits alimentaires (sauf certains produits comme l'alcool) et aux livres,

- le taux intermédiaire de **10%**, applicable essentiellement aux prestations de restauration et d'hébergement,
- le taux normal de **20%**, pour les autres biens et services.

▧ Le principe de calcul de la TVA à payer

Vous avez collecté la TVA auprès de vos clients pour le compte de l'Etat. Vous devez donc reverser cette TVA à l'Etat.

Mais en contrepartie de cette obligation, vous avez le droit de déduire la TVA que vous avez payée sur vos achats.

Supposons qu'en 2019 vous ayez collecté pour 3 000 € de TVA auprès de vos clients. Vous avez payé 1 200 € de TVA sur vos achats. Le montant de TVA à payer à l'Etat s'élève donc à 1 800 € (3 000 – 1 200).

▧ Les formalités administratives

C'est le régime du réel simplifié d'imposition qui s'applique.

Vous devez compléter une déclaration de TVA annuelle, avant le 1er mai de l'année suivante. Par exemple, vous devez remplir la déclaration de TVA au titre de 2019 avant le 1er mai 2020.

La déclaration et le paiement doivent s'effectuer sur votre compte fiscal en ligne. Vous devez donc créer votre **compte fiscal professionnel** (différent de votre compte fiscal personnel) sur le site www.impots.gouv.fr, en cliquant en haut à droite sur **Votre espace professionnel**.

Vous y indiquerez vos coordonnées bancaires pour les paiements. C'est ce compte fiscal professionnel qui vous servira aussi à payer la CFE.

Excepté la première année d'imposition, vous devrez payer deux acomptes calculés à partir de la TVA due l'année précédente : un acompte de 55% en juillet et un de 40% en décembre. Si la TVA due était inférieure à 1 000 €, vous n'avez pas d'acompte à régler.

 Si le montant annuel de la TVA due est supérieur à 15 000 €, le régime simplifié d'imposition ne peut plus s'appliquer. Vous basculez dans le régime du réel normal, avec des déclarations de TVA mensuelles ou trimestrielles selon les cas.

La cotisation foncière des entreprises (CFE)

■ A partir de quand un auto-entrepreneur est-il soumis à la CFE ?

Un auto-entrepreneur est imposé à la CFE à partir de l'année qui suit celle au cours de laquelle il a encaissé des recettes pour la première fois. Cela veut dire que :

- C'est l'encaissement de votre première recette qui déclenche l'imposition au CFE, et non pas votre immatriculation comme auto-entrepreneur.
- Vous êtes exonéré de CFE l'année au cours de laquelle vous encaissez votre première recette.
- Vous commencez à être redevable de la CFE l'année qui suit cette première année d'encaissement de recette.

▶ *Exemple*

Vous êtes inscrit en tant qu'auto-entrepreneur depuis le 1er mai 2017.

En 2017, vous n'avez rien encaissé. Vous n'êtes pas redevable de la CFE.

En 2018, vous encaissez des recettes. C'est l'année au cours de laquelle vous encaissez votre première recette. Vous êtes exonéré de CFE.

En 2019, puis les années suivantes, vous êtes redevable de la CFE.

■ Qui est exonéré de la CFE ?

Certaines activités sont exonérées de la CFE de manière permanente.

Il s'agit notamment :

- des artisans, si le travail manuel est prépondérant dans leur activité et s'ils ne spéculent pas sur la matière première (boulangers, bouchers et charcutiers ne sont donc pas exonérés),
- des chauffeurs de taxis ou d'ambulances, des voitures de tourisme avec chauffeur,
- des professeurs, exceptés ceux qui dispensent un enseignement pratique (ex : informatique, cuisine).

■ Quel est le montant de la CFE ?

Ce sont les communes qui bénéficient de la CFE et qui en déterminent le montant.

Le montant de la CFE se calcule en multipliant la base de calcul de la CFE par le taux d'imposition de la CFE.

La base de calcul de la CFE est la valeur locative des biens immobiliers utilisés par l'entreprise pour les besoins de son activité. La valeur locative est celle retenue pour la taxe foncière.

Le taux d'imposition de la CFE est décidé par le conseil municipal de la commune dans laquelle votre auto-entreprise est établie. C'est pourquoi le montant de la CFE est très différent suivant les communes.

Contrairement aux cotisations sociales qui sont proportionnelles à votre chiffre d'affaires, une CFE minimale est fixée par les communes, même en cas de chiffre d'affaires très faible. Sachez aussi que vous êtes redevable de la CFE même si votre auto-entreprise est domiciliée à votre adresse personnelle.

Une base de calcul minimale est décidée par la commune. Le taux d'imposition de la CFE est appliqué à cette base minimale pour déterminer le montant de la CFE due. La CFE minimale s'applique lorsque la valeur locative des biens immobiliers est très faible ou même nulle, ce qui est le cas pour de nombreux auto-entrepreneurs.

Voici les fourchettes imposées par la loi, dans lesquelles une commune va fixer la base de calcul minimale :

Base minimale de CFE pour la cotisation au titre de 2020	
Chiffre d'affaires réalisé l'année N-2	Montant de la base minimale
Inférieur à 10 000 €	Entre 221 € et 526 €
Entre 10 001 € et 32 600 €	Entre 221 € et 1050 €
Entre 32 601 € et 100 000 €	Entre 221 € et 2207 €
Entre 100 001 € et 250 000 €	Entre 221 € et 3 679 €

A cette base de calcul minimale est appliqué le taux d'imposition décidé par la commune.

▶ *Exemple de calcul du montant de la CFE*

Votre commune a fixé les bases minimales suivantes :

Chiffre d'affaires inférieur à 10 000 € : 500 €

Chiffre d'affaires entre 10 001 € et 32 600 € : 800 €

Chiffre d'affaires entre 32 601 € et 100 000 € : 1000 €

Il a été décidé un taux d'imposition de la CFE de 30%.

Vous avez réalisé un chiffre d'affaires de 20 000 €. Le montant de votre CFE s'élève à 800 x 30%, soit 240 €.

 **Nouveauté 2019** : Un auto-entrepreneur dont le chiffre d'affaires de l'année de référence ne dépasse pas 5 000 € est exonéré de CFE. L'année de référence est l'année N-2.

Exemple : si en 2018, votre chiffre d'affaires a été inférieur à 5 000 €, vous ne payez pas de CFE en 2020 (si votre auto-entreprise n'existait pas en 2018, c'est le chiffre d'affaires de 2019 qui sert de référence).

■ Comment déclarer et payer ?

▶ *Déclaration la première année*

L'année de création de votre auto-entreprise, vous devez compléter une déclaration initiale et l'envoyer au service des impôts avant le 31 décembre.

Cette déclaration est le formulaire 1447-C, que vous pouvez télécharger en suivant ce lien : https://www.impots.gouv.fr/portail/formulaire/1447-c-sd/declaration-initiale-de-cotisation-fonciere-des-entreprises.

▶ *Avis d'imposition et paiement*

Depuis 2015, l'administration fiscale n'envoie plus aux entreprises d'avis d'imposition par voie postale. Les avis d'imposition et les paiements s'effectuent sur votre compte fiscal en ligne.

Vous devez donc créer votre **compte fiscal professionnel** (différent de votre compte fiscal personnel) sur le site www.impots.gouv.fr, en cliquant en haut à droite sur **Votre espace professionnel**.

Vous y indiquerez vos coordonnées bancaires pour les paiements.

Votre avis d'imposition de CFE de l'année en cours est consultable à partir de la mi-novembre et le paiement doit être effectué avant le 15 décembre. Le règlement doit obligatoirement être fait sous forme dématérialisée (télérèglement, prélèvement).

ANNEXES

Annexe 1 – Les plafonds de chiffre d'affaires pour bénéficier du statut d'auto-entrepreneur

▣ Quels sont les montants de chiffre d'affaires à ne pas dépasser ?

Dans cette annexe 1, nous détaillons les plafonds de chiffre d'affaires pour bénéficier du statut d'auto-entrepreneur. Ces plafonds ont été revalorisés au 1er janvier 2020. Les montants de chiffre d'affaires indiqués dans cette annexe s'entendent hors TVA.

Nous expliquerons, dans une autre annexe, les plafonds à ne pas dépasser pour bénéficier de la franchise en base de TVA. Ces plafonds sont différents de ceux permettant de bénéficier du statut d'auto-entrepreneur.

▶ *Ventes de marchandises, fournitures de denrées et d'hébergement*

Votre chiffre d'affaires annuel ne doit pas dépasser **176 200 €** si vos activités d'auto-entrepreneur font partie des activités suivantes :

- achat de biens matériels pour les revendre en l'état (exemples : revente de livres d'occasion, vente d'aliments pour animaux sur internet…),
- fabrication de produits à partir de matières premières (exemples : boulangerie, fabrication et vente de bijoux…),
- vente de denrées à consommer sur place ou à emporter (exemple : restaurant de sushis, fast-food…),
- prestations d'hébergement : hôtellerie, chambres d'hôtes, locations de meublés de tourisme.

> Pour être qualifiés de meublés de tourisme, les locaux loués doivent obtenir un classement, conformément au Code du tourisme. La location de meublés autres que les meublés de tourisme est classée dans la catégorie « prestations de services ».

> Est considérée comme chambre d'hôtes une chambre meublée située chez l'habitant en vue d'accueillir des touristes, à titre onéreux, pour une ou plusieurs nuitées, assorties de prestations (petit-déjeuner, notamment).

▶ *Prestations de services*

Une prestation de service ne se matérialise pas par la délivrance d'un bien, mais par un travail réalisé pour un client.

Différents exemples de prestations de services :

- coiffure, réparation automobile, chauffeur VTC (prestations de services artisanales),
- organisation de goûters d'anniversaire, dépannage informatique (prestations de services commerciales),
- maître-nageur, créateur de sites internet, formateur (professions libérales).

Pour la vente de prestations de services, votre chiffre d'affaires annuel ne doit pas dépasser **72 500 €**.

▶ *Activités mixtes*

Si vous avez plusieurs activités (vente de biens et prestations de services), votre chiffre d'affaires total ne doit pas dépasser **176 200 €** ET à l'intérieur de ce plafond, le chiffre d'affaires relatif aux prestations de services ne doit pas dépasser **72 500 €**.

Exemple 1

Vous avez vendu des biens pour 100 000 € et des prestations de services pour 40 000 €. Votre chiffre d'affaires total s'élève à 140 000 €, il ne dépasse pas le plafond de 176 200 €. Votre chiffre d'affaires relatif aux prestations de services est de 40 000 €, ce qui est inférieur à 72 500 €. Vous êtes bien en conformité avec les plafonds autorisés.

Exemple 2

Vous avez vendu des biens pour 80 000 € et des prestations de services pour 80 000 €. Votre chiffre d'affaires total s'élève à 160 000 €, il ne dépasse pas le plafond de 176 200 €. Mais votre chiffre d'affaires relatif aux prestations de services est supérieur à 72 500 €, vous n'êtes donc pas en conformité avec les plafonds autorisés.

■ Quel est le chiffre d'affaires à ne pas dépasser si je démarre mon activité en cours d'année ?

Le chiffre d'affaires à ne pas dépasser est fonction de la durée de votre activité. Il faut calculer le plafond proportionnellement au nombre de jours d'activité.

▶ *Exemple 1*

Vous avez débuté votre activité le 1er août 2020, et vous vendez des marchandises. Vous devez calculer le nombre de jours d'activité : 31 jours en août, 30 en septembre, 31 en octobre, 30 en novembre et 31 en décembre. Cela fait un total de 153 jours. L'année 2020 compte 366 jours.

Le plafond de chiffre d'affaires est de 176 200 € pour l'année complète, il est pour vous de 176 200 x 153 / 366, soit 73 658 € (arrondi à l'euro supérieur) pour 2020.

▶ *Exemple 2*

Vous avez débuté votre activité le 1er octobre 2020, vous vendez des marchandises et des prestations de services.

Nombre de jours d'activité : 31 + 30 + 31 = 92

Plafond de chiffre d'affaires total : 176 200 x 92 / 366 = 44 291 €

Plafond de chiffre d'affaires pour les prestations de services : 72 500 x 92 / 366 = 18 225 €

■ Que se passe-t-il si mon chiffre d'affaires dépasse le plafond ?

Si vous déclarez pendant deux années consécutives un chiffre d'affaires supérieur à 176 200 € (activités de ventes) ou supérieur à 72 500 € (prestations de services), vous perdez le bénéfice du statut d'auto-entrepreneur, dès le 1er janvier qui suit ces deux années.

► *Exemple*

Vous exercez une activité de prestations de services. Le plafond est donc de 72 500 €.

Année N :	Chiffre d'affaires de 75 000 €	Statut d'auto-entrepreneur
Année N+1 :	Chiffre d'affaires de 80 000 €	Statut d'auto-entrepreneur
1er janvier N+2 ⇨ Perte du statut d'auto-entrepreneur, passage au régime de l'entreprise individuelle.		

 Attention : ce mécanisme de passage progressif au régime de l'entreprise individuelle n'existe pas la première année d'activité. Si vous dépassez le plafond (proportionnel à votre durée d'activité) la première année, vous basculez dans le régime de l'entreprise individuelle **dès l'année suivante**.

Annexe 2 – Les plafonds de chiffre d'affaires pour la TVA

▧ Le principe

Les plafonds pour bénéficier de la franchise en base de TVA sont différents de ceux accordés pour bénéficier du statut d'auto-entrepreneur.

Bénéficier de la franchise en base de TVA signifie que vous n'avez pas de TVA à facturer à vos clients. Vous facturez hors taxe.

Pour les activités de ventes de marchandises, de fournitures de denrées et d'hébergement (activités correspondant au plafond de 176 200 € pour le statut d'auto-entrepreneur), le plafond de chiffre d'affaires à ne pas dépasser pour bénéficier de la franchise en base de TVA s'élève à 85 800 €, avec un seuil de tolérance de 94 300 €.

Pour les prestations de services (activités correspondant au plafond de 72 500 € pour le statut d'auto-entrepreneur), le plafond de chiffre d'affaires à ne pas dépasser pour bénéficier de la franchise en base de TVA s'élève à 34 400 €, avec un seuil de tolérance de 36 500 €.

Dans le cas d'activités mixtes, votre chiffre d'affaires total ne doit pas dépasser 85 800 € (avec une tolérance de 94 300 €) ET le chiffre d'affaires relatif aux prestations de services ne doit pas dépasser 34 400 € (avec une tolérance de 36 500 €).

▧ Pourquoi un seuil de tolérance ?

Vous avez le droit, si votre chiffre d'affaires est compris entre le plafond autorisé et le seuil de tolérance, de continuer à bénéficier de la franchise en base de TVA, et ceci **pendant deux années consécutives**. Cette tolérance s'arrête à l'issue des deux années, vous basculez dans le régime d'imposition de la TVA au 1er janvier qui suit ces deux années.

Exemple

Vous exercez une activité de prestations de services. Le plafond est donc de 34 400 €, avec un seuil de tolérance de 36 500 €.

Année N :	Chiffre d'affaires de 36 000 €	Franchise en base de TVA
Année N+1 :	Chiffre d'affaires de 35 000 €	Franchise en base de TVA

1er janvier N+2 ⇨ Régime d'imposition de la TVA, vous devez facturer la TVA à vos clients, et reverser cette TVA collectée à l'administration fiscale (déduction faite de la TVA sur vos achats).

■ Que se passe-t-il si mon chiffre d'affaires dépasse le plafond ?

Quand votre chiffre d'affaires dépasse 94 300 € (activités de vente) ou 36 500 € (prestations de services), vous basculez dans le régime d'imposition de la TVA **dès le 1er jour du mois de dépassement.**

Exemple

Vous vendez des marchandises. Le 1er novembre, votre chiffre d'affaires s'élève à 90 000 €. Le 15 novembre, il s'élève à 95 000 €. Vous avez donc dépassé le seuil de tolérance de 94 300 € au cours de ce mois de novembre. Vous devez donc facturer la TVA dès le 1er novembre.

A noter qu'il n'y a pas de seuil de tolérance la première année d'activité. Le plafond autorisé est de 85 800 € ou 34 400 € suivant l'activité, réduit en fonction du nombre de jours d'activité.

Exemple : vous débutez votre activité de services le 1er août 2020. Le nombre de jours d'activité est de 153. Le plafond de chiffre d'affaires, au-delà duquel vous quittez le régime de franchise en base de TVA est de : 153 / 366 x 34 400 = 14 381 €.

Annexe 3 – Les types d'activités

Lors de votre inscription en tant qu'auto-entrepreneur, vous avez indiqué l'activité principale que vous alliez exercer. Cette activité est soit une activité artisanale, une activité commerciale ou une activité libérale. Voyons comment distinguer ces trois types d'activités.

■ Les activités artisanales

▶ *Les activités concernées*

Ce sont des activités de fabrication, de transformation ou de prestation de service, réalisées grâce à un savoir-faire particulier, principalement manuel. Il existe environ 250 activités artisanales, dont vous pouvez consulter la liste complète et officielle sur le site de Legifrance, en suivant ce lien : www.legifrance.gouv.fr/affichTexteArticle.do;jsessionid=5353E100DE6A307 CDBEC00C7B4DA6F1A.tplgfr40s_3?idArticle=LEGIARTI000034772150&cidTe xte=JORFTEXT000000571009

Voici quelques exemples d'activités artisanales : accordeur de piano, ambulancier, boulanger, chauffeur de taxi, coiffeur, déménageur, électricien, imprimeur, maçon, photographe, poissonnier, souffleur de verre, toiletteur pour animaux…

▶ *Les conséquences pour vous*

L'auto-entrepreneur doit respecter les obligations liées à la profession : si l'activité artisanale nécessite une qualification professionnelle, l'auto-entrepreneur doit en être titulaire. Etre coiffeur à domicile nécessite d'être titulaire d'un CAP coiffure (ou un diplôme équivalent), par exemple.

Le fait d'exercer une activité artisanale engendre trois obligations supplémentaires :

- vous immatriculer au répertoire des métiers (ce qui est fait en même temps que votre inscription en tant qu'auto-entrepreneur),
- payer la taxe pour frais de chambre des métiers,

■ Les activités commerciales

▶ *Les activités concernées*

Ce sont les activités **d'achat de biens pour leur revente en l'état**. Exemples : vente d'aliments pour animaux achetés chez un grossiste, vente sur internet de bijoux achetés à un artisan.

D'autres activités sont considérées comme commerciales : les **ventes de denrées à consommer sur place ou à emporter** (c'est-à-dire la restauration), les **prestations d'hébergement** (exemples : hôtel, chambres d'hôtes, locations de meublés de tourisme).

? Mon entreprise fabrique les biens qu'elle vend. Activité artisanale ou commerciale ?

L'activité artisanale se caractérise par une fabrication manuelle. Si la production des biens est assurée par des machines, on parle d'activité **industrielle**. Les activités industrielles sont considérées comme des activités commerciales.

Si la fabrication est manuelle mais que vous employez plus de 10 salariés (ce qui est rarement le cas d'une auto-entreprise, qui peut difficilement dégager un chiffre d'affaires suffisant pour payer des salariés), l'activité n'est plus considérée comme artisanale mais commerciale.

▶ *Les conséquences pour vous*

Le fait d'exercer une activité commerciale engendre deux obligations supplémentaires :

- vous immatriculer au registre du commerce et des sociétés (ce qui est fait en même temps que votre inscription en tant qu'auto-entrepreneur),
- payer la taxe pour frais de chambre de commerce et d'industrie.

 Attention : si vous exercez plusieurs activités, une activité commerciale et une activité artisanale, vous devez être immatriculé au registre du commerce et des sociétés ET au répertoire des métiers, même si l'activité artisanale n'est pas l'activité principale.

■ Les activités libérales

Exercer une **profession libérale** consiste à pratiquer, en toute indépendance, une science ou un art, et dont l'activité intellectuelle joue le principal rôle (exemples : conseil en informatique, formateur, styliste, médecin, avocat...).

La notion de profession libérale est très vaste et regroupe des activités fort différentes : de l'astrologue au pilote de course automobile !

Vous pouvez avoir un aperçu de la variété des professions libérales en suivant ce lien : www.afecreation.fr/pid14832/liste-des-activites-liberales.html.

Il existe des professions libérales réglementées et des professions libérales non réglementées.

Une profession libérale est dite réglementée quand ses membres doivent détenir un titre, respecter des règles déontologiques et sont soumis au contrôle de leur instance professionnelle (ordre, syndicat ou chambre).

On peut séparer les activités libérales en trois grandes catégories.

▶ *Les activités libérales réglementées ne pouvant pas être exercées sous le statut d'auto-entrepreneur*

Il existe un certain nombre d'activités libérales réglementées qui ne peuvent pas être exercées sous le statut d'auto-entrepreneur (les professions médicales, notamment).

▶ *Les activités libérales réglementées pouvant être exercées sous le statut d'auto-entrepreneur*

Voici la liste des activités réglementées qui peuvent être exercées sous le statut d'auto-entrepreneur : architecte, architecte d'intérieur, économiste de la construction, géomètre, ingénieur-conseil, maître d'œuvre, expert devant les tribunaux, mandataire judiciaire à la protection des majeurs, psychologue, psychothérapeute, ostéopathe, ergothérapeute, chiropracteur, diététicien, artiste autre qu'artiste-auteur, expert automobile, guide-conférencier, guide de haute montagne, accompagnateur de moyenne montagne et moniteur de ski.

Pour toutes ces activités, c'est la CIPAV (Caisse interprofessionnelle de prévoyance et d'assurance vieillesse) qui gère les droits à la retraite.

▶ *Les activités libérales non réglementées*

Ce sont toutes les autres professions libérales.

Pour toutes ces activités, c'est l'Assurance retraite du régime général de la Sécurité sociale qui gère les droits à la retraite.

Annexe 4 – Le calendrier de l'auto-entrepreneur

Voici les dates à retenir si vous avez choisi d'établir des déclarations mensuelles de chiffres d'affaires :

Date d'exigibilité	A faire
31 janvier	Compléter la déclaration de chiffre d'affaires encaissé en décembre de l'année N-1, et effectuer le règlement.
28 ou 29 février	Compléter la déclaration de chiffre d'affaires encaissé en janvier et effectuer le règlement.
31 mars	Compléter la déclaration de chiffre d'affaires encaissé en février et effectuer le règlement.
30 avril	Compléter la déclaration de chiffre d'affaires encaissé en mars et effectuer le règlement.
31 mai	Compléter la déclaration de chiffre d'affaires encaissé en avril et effectuer le règlement.
30 juin	Compléter la déclaration de chiffre d'affaires encaissé en mai et effectuer le règlement.
31 juillet	Compléter la déclaration de chiffre d'affaires encaissé en juin et effectuer le règlement.
31 août	Compléter la déclaration de chiffre d'affaires encaissé en juillet et effectuer le règlement.
30 septembre	Compléter la déclaration de chiffre d'affaires encaissé en août et effectuer le règlement.
31 octobre	Compléter la déclaration de chiffre d'affaires encaissé en septembre et effectuer le règlement.
30 novembre	Compléter la déclaration de chiffre d'affaires encaissé en octobre et effectuer le règlement.
15 décembre	Régler la cotisation foncière des entreprises sur le site impots.gouv.fr.
31 décembre	Compléter la déclaration de chiffre d'affaires encaissé en novembre et effectuer le règlement.

Voici les dates à retenir si vous avez choisi d'établir des déclarations trimestrielles de chiffres d'affaires :

Date d'exigibilité	A faire
31 janvier	Compléter la déclaration de chiffre d'affaires encaissé au 4ème trimestre (octobre, novembre et décembre) de l'année N-1, et effectuer le règlement.
30 avril	Compléter la déclaration de chiffre d'affaires encaissé au 1er trimestre (janvier, février et mars), et effectuer le règlement.
31 juillet	Compléter la déclaration de chiffre d'affaires encaissé au 2ème trimestre (avril, mai et juin), et effectuer le règlement.
31 octobre	Compléter la déclaration de chiffre d'affaires encaissé au 3ème trimestre (juillet, août et septembre), et effectuer le règlement.
15 décembre	Régler la cotisation foncière des entreprises sur le site impots.gouv.fr.

Annexe 5 – Lexique

ACRE : Aide aux Créateurs et Repreneurs d'Entreprise. C'est un dispositif qui permet une réduction des cotisations sociales durant les premières années d'activité.

Artisan : entrepreneur dont l'activité consiste en un travail manuel, et qui emploie moins de 10 salariés. L'artisan doit être immatriculé au répertoire des métiers.

Bénéfice : différence entre le chiffre d'affaires et l'ensemble des charges supportées.

CFE : cotisation foncière des entreprises. Il s'agit d'un impôt payé par les entreprises et calculé sur la valeur locative des biens immobiliers utilisés par celles-ci.

Chambre de commerce et d'industrie : organisme chargé de représenter les intérêts des entreprises commerciales, industrielles et de services. Les CCI ont une mission d'accompagnement et de conseil auprès des créateurs et des repreneurs d'entreprises.

Chambre de métiers et de l'artisanat : organisme chargé de représenter les intérêts des entreprises de l'artisanat. Ces chambres assurent, pour les artisans, des missions de formation, de conseil, d'accompagnement. Elles sont chargées de l'immatriculation des entreprises artisanales dans le répertoire des métiers.

Chiffre d'affaires : montant des recettes encaissées.

CIPAV : Caisse interprofessionnelle de prévoyance et d'assurance vieillesse. Il s'agit d'un organisme social qui gère les retraites des professions libérales réglementées.

Commerçant : entrepreneur dont l'activité consiste à acheter des biens dans l'intention de les revendre avec un bénéfice. Les biens achetés peuvent être transformés avant d'être revendus. Le commerçant doit être immatriculé au registre du commerce et des sociétés.

Cotisation sociale : somme versée à un organisme social pour apporter sa contribution à la protection sociale (maladie-maternité, retraite, invalidité, décès).

Entreprise : organisation disposant de moyens humains, matériels et financiers, qui produit des biens et/ou des services et les vend à des clients dans le but de réaliser des bénéfices.

Entreprise individuelle : forme juridique d'entreprise, créée par une personne seule pour son activité professionnelle, sans créer de cadre juridique distinct tel que la société.

Facture : document établi par le vendeur et remis au client, indiquant à celui-ci le prix à payer. La facture est une pièce justificative de la vente en comptabilité. Elle est obligatoire entre professionnels.

Forme juridique : cadre juridique dans lequel une organisation (entreprise, association, syndicat...) fonctionne.

Franchise en base de TVA : dispositif qui dispense une entreprise de la déclaration et du paiement de la TVA sur ses ventes. L'entreprise qui en bénéficie ne facture pas de TVA à ses clients.

Impôt sur le revenu : impôt global calculé sur la totalité des revenus qu'une personne a perçus au cours de l'année civile écoulée.

INSEE : Institut national de la statistique et des études économiques. Il s'agit d'un organisme chargé de produire, d'analyser et de diffuser des informations sur l'économie et la société française. Il gère également le répertoire des identifiants SIREN des entreprises et SIRET de leurs différents établissements.

Libéral : entrepreneur pratiquant une science ou un art, et dont l'activité intellectuelle joue le principal rôle.

Livre de caisse : agenda dans lequel sont notées chaque recette et chaque dépense réalisées en espèces. Le solde de la caisse est calculé en fin de journée : solde en début de journée + recettes de la journée − dépenses de la journée. Il est comparé avec le montant des espèces contenues dans la caisse. Ce solde ne peut bien sûr pas être négatif.

Livre des recettes : registre complété au jour le jour et présentant le détail des recettes professionnelles, dans l'ordre chronologique.

Note justificative : document établi par le vendeur et remis au client, et contenant différentes informations sur la vente. Un ticket de caisse peut faire office de note justificative.

Organisme social : structure qui se charge de collecter les cotisations sociales auprès des entreprises et/ou de contribuer à la protection des individus face à différents évènements (maladie, maternité, chômage, invalidité, décès, retraite...).

RCS : registre du commerce et des sociétés. Ce registre est tenu au greffe des tribunaux de commerce. Dans ce registre sont inscrites toutes les entreprises ayant le statut de commerçant.

Recette : somme d'argent encaissée lors d'une vente.

Régime fiscal : ensemble des règles qui déterminent les impôts et les taxes auxquels une personne est soumise.

Régime social : ensemble des règles qui déterminent les cotisations sociales ainsi que la protection sociale d'une personne.

Registre des achats : registre détaillant tous les achats réalisés pour une année considérée.

Répertoire des métiers : registre public, tenu dans chaque chambre de métiers et de l'artisanat, dans lequel sont inscrites les entreprises ayant une activité artisanale.

RSI : Régime social des indépendants. Il s'agit d'un organisme social qui gérait les retraites des commerçants et des artisans (et de quelques professions libérales). Supprimé le 1er janvier 2018.

Sécurité sociale : organisme social public qui gère la protection sociale des personnes.

SIREN : numéro d'immatriculation d'une entreprise, composé de 9 chiffres, et attribué par l'INSEE.

SIRET : numéro d'enregistrement d'un établissement. Quand une entreprise n'a qu'une seule adresse, elle n'a qu'un numéro SIRET. Ce numéro est composé du numéro SIREN suivi de 5 chiffres, le numéro interne de classement, lié à l'adresse de l'établissement.

Société : forme juridique d'entreprise, créée par des associés. La société est une organisation distincte de ses créateurs, avec son propre patrimoine (ses biens). Les principaux types de sociétés sont la SARL, l'EURL, la SAS et la SA.

SPI : stage de préparation à l'installation. C'est un stage d'une durée de 30 heures, ayant pour but de permettre aux créateurs d'une entreprise de maîtriser les bases de la gestion, et d'apporter des informations sur les obligations juridiques, comptables, fiscales et sociales d'une entreprise. Ce stage était obligatoire pour les créateurs d'une entreprise artisanale. Il ne l'est plus en 2019.

TVA : taxe sur la valeur ajoutée. Impôt sur les dépenses de consommation. La TVA est payée par le consommateur final et collectée par les entreprises.

URSSAF : Union de recouvrement du régime général de la sécurité sociale et des allocations familiales. Il s'agit d'un organisme public qui se charge de collecter les cotisations sociales auprès des entreprises, dans le but d'assurer la gestion de la trésorerie de la Sécurité sociale.

Versement libératoire de l'impôt : dispositif de calcul et de paiement de l'impôt dû sur les revenus d'auto-entrepreneur, avec les caractéristiques suivantes : l'impôt est un pourcentage de ces revenus, il est calculé et prélevé en même temps que les cotisations sociales. Il « libère » de l'impôt dans le sens où les revenus d'auto-entrepreneur ne sont plus soumis à d'autres impôts sur le revenu, ils sont taxés indépendamment et séparément.

Printed in Poland
by Amazon Fulfillment
Poland Sp. z o.o., Wrocław